ANSIEDADE

Supere A Ansiedade E Alcance Seus Objetivos

(Acabe Com O Nervosismo, Ataques De Pânico, Medos E Fobias E Destrua A Depressão)

Rene Pope

Traduzido por Daniel Heath

Rene Pope

Ansiedade: Supere A Ansiedade E Alcance Seus Objetivos (Acabe Com O Nervosismo, Ataques De Pânico, Medos E Fobias E Destrua A Depressão)

ISBN 978-1-989837-18-4

Termos e Condições

De modo nenhum é permitido reproduzir, duplicar ou até mesmo transmitir qualquer parte deste documento em meios eletrônicos ou impressos. A gravação desta publicação é estritamente proibida e qualquer armazenamento deste documento não é permitido, a menos que haja permissão por escrito do editor. Todos os direitos são reservados. As informações fornecidas neste documento são declaradas verdadeiras e consistentes, na medida em que qualquer responsabilidade, em termos de desatenção ou de outra forma, por qualquer uso ou abuso de quaisquer políticas, processos ou instruções contidas, é de responsabilidade exclusiva e pessoal do leitor destinatário. Sob nenhuma circunstância qualquer, responsabilidade legal ou culpa será imposta ao editor por qualquer reparação, dano ou perda monetária devida às informações aqui contidas, direta ou indiretamente. Os respectivos autores são proprietários de todos os direitos autorais não detidos pelo editor.

Aviso Legal:

Este livro é protegido por direitos autorais. Ele é designado exclusivamente para uso pessoal. Você não pode alterar, distribuir, vender, usar, citar ou parafrasear qualquer parte ou o conteúdo deste ebook sem o consentimento do autor ou proprietário dos direitos autorais. Ações legais poderão ser tomadas caso isso seja violado.

Termos de Responsabilidade:

Observe também que as informações contidas neste documento são apenas para fins educacionais e de entretenimento. Todo esforço foi feito para fornecer informações completas precisas, atualizadas e confiáveis. Nenhuma garantia de qualquer tipo é expressa ou mesmo implícita. Os leitores reconhecem que o autor não está envolvido na prestação de aconselhamento jurídico, financeiro, médico ou profissional.

Ao ler este documento, o leitor concorda que sob nenhuma circunstância somos responsáveis por quaisquer perdas, diretas ou indiretas, que venham a ocorrer como resultado do uso de informações contidas neste documento, incluindo, mas não limitado a, erros, omissões, ou imprecisões.

Índice

PARTE 1 1

ANSIEDADE: 2
DEPRESSÃO: 4

FORMAS DE ANSIEDADE: 7

ANSIEDADE SOCIAL: 8
ANSIEDADE DE DESEMPENHO: 8

TIPOS DE TRANSTORNOS DE ANSIEDADE: 10

TRANSTORNO DE ANSIEDADE SOCIAL: 10
TRANSTORNO DE ANSIEDADE GENERALIZADA: . 11
SÍNDROME DO PÂNICO: 12
TRANSTORNO OBSESSIVO COMPULSIVO: 13
TRANSTORNO DE ESTRESSE PÓS-TRAUMÁTICO: 14
FOBIAS: 15

CAUSAS DA ANSIEDADE: 16

CAUSAS HEREDITÁRIAS: 16
CAUSAS BIOLÓGICAS: 17
CAUSAS MENTAIS / EMOCIONAIS: 18
CAUSAS FARMACOLÓGICAS / MEDICINAIS: 18
EXPERIÊNCIAS/AMBIENTE DE VIDA: 19

COMO SUPERAR A ANSIEDADE: 20

CONHECIMENTO: 21
EVITE OS GATILHOS: 21
MEDITAÇÃO/ORAÇÃO: 21

TERAPIA/MEDICAÇÃO: 22
DIETA E EXERCÍCIOS: 23
SOCIALIZE: 23
DORMIR BEM: 23
EVITE BEBER MUITA CAFEÍNA: 24
EVITE EVENTOS ESTRESSANTES: 24

TIPOS DE DEPRESSÃO: 25

DEPRESSÃO AMENA/LEVE: 25
DEPRESSÃO MODERADA: 27
DEPRESSÃO GRAVE (OU CLÍNICA): 27
DEPRESSÃO BIPOLAR (BPD): 28
DEPRESSÃO PÓS-PARTO: 29
DEPRESSÃO SAZONAL / DISTÚRBIO SAZONAL
AFETIVO (SAD): 30
DEPRESSÃO ATÍPICA: 30
DEPRESSÃO PSICÓTICA: 31
CAUSAS DA DEPRESSÃO: 31
POR HEREDITARIEDADE: 32
CAUSA BIOLÓGICA: 32
CAUSA EMOCIONAL OU AMBIENTAL: 33
CAUSAS SOCIAIS E PSICOLÓGICAS DA DEPRESSÃO:
.... 34
CAUSAS MÉDICAS DA DEPRESSÃO: 35
FATORES RELACIONADOS AO ESTILO DE VIDA: .. 35

COMO SUPERAR A DEPRESSÃO: 37

CONSEGUIR AJUDA DE FAMILIARES E AMIGOS: . 37
ESTAR CONSCIENTE DOS SEUS PENSAMENTOS EM
RELAÇÃO A SI MESMO: 38
APRENDA A SE PERDOAR: 39

APOIE OUTRAS PESSOAS: 39
FAÇA COISAS QUE VOCÊ GOSTA DE FAZER: 40
NUNCA FAÇA ISSO SOZINHO: 41
DESENVOLVA UMA ATITUDE DE GRATIDÃO:...... 41
MANTENHA-SE OCUPADO: 42
EXERCITE-SE REGULARMENTE: 42
MUDE A SUA PERSPECTIVA: 42
PROCURE POR ACONSELHAMENTO MÉDICO: 43

PARTE 2 45

INTRODUÇÃO 46

CAPÍTULO 1: O QUE É, REALMENTE, ANSIEDADE E COMO SEI QUE TENHO? 48

CAPÍTULO 2: SOLUÇÕES PARA AJUDÁ-LO A AMENIZAR A ANSIEDADE, ALIVIANDO O ESTRESSE INTERIORMENTE 55

CAPÍTULO 3: CUIDE-SE 68

CAPÍTULO 4: USE SEUS RECURSOS 73

CAPÍTULO 5: EXERCÍCIO, YOGA, E MEDITAÇÃO . 76

CONCLUSÃO 81

Parte 1

Sumário

Ansiedade e depressão são duas condições de saúde diferentes que afetam o estado emocional e comportamental da pessoa. Estas duas condições são sempre confundidas, como se fossem a mesma, visto que muitas pessoas que sofrem de depressão também são, geralmente, diagnosticadas com problemas de ansiedade, enquanto a maioria das pessoas que têm problemas de ansiedade também sofrem de depressão.

Ansiedade:

Alguém que sofre de ansiedade será temeroso ou marcado pelo pânico em lugares ou circunstâncias onde uma pessoa normal não teria sentimentos parecidos. Para agravar estes problemas, suas crises de medo e pânico, frequentemente, virão à tona sem um motivo aparente. Assim sendo, essas pessoas começarão a evitar qualquer situação que elas acreditam que possa desencadear um ataque e que, mais do que provável, irá causar um ajuste significativo em seu estilo de vida.

Pessoas com ansiedade leve e moderadapodem ajustar seus estilos de vida,desta forma elas conseguemseguirvidas normais de uma certa maneira. Por exemplo, se uma pessoa se encontra em ansiedade extrema e pedem à ela para dar uma palestraou andar em um elevador,ela pode procurar evitar essas situaçõese, aparentemente, ganhar o controle sobre a ansiedade e sua vida.

A ansiedade geralmente começará acompanhanda da depressão. Da mesma forma, uma pessoa que sofre de ansiedademuitas vezes se sentirá deprimida. Por isso os termos são trocados e mal entendidos. Estudos clínicos mostram queuma grande variedade de pessoas,diagnosticadas com depressão grave,também terão algum tipo de ataque de pânico ou transtorno de ansiedade.

Infelizmente, quando o pânico, aansiedade e a depressão co-existem, elesse tornam um desafiopara a comunidade médica.Quando os sintomas de cada umestão envolvidos, eles parecem alimentar um ao outroe a combinação torna a condição do indivíduo piordo que se fosse vivenciadoisoladamente.

Depressão:
A depressão é marcada por sentimentos insuportáveis de sofrimento e infelicidade. Pessoas com depressão, com frequência,têm sentimentos de desânimo e desinteresseem relação a vida. Elas sentem como se uma nuvem negraestivesse sempre pairando sobre elas,e perecem não conseguir se livrar depensamentos obscuros. Além disso, podem se sentir impotentespara enfrentar problemas da vida, desencorajadas em relação as suas perspectivas futurase estão constantementemal-humoradas com as pessoas que fazem parte de suas vidas. Elas podem apresentar uma variedade de sintomasdesdeperda de apetite até alterações nos padrões de sono (dormir demais ou de menos), falta de interesse em passatempos antigosou

interesse em um profundo senso de exaustão. A depressão tem sido relacionada com a diabetes, doenças do coraçãoe problemas para dormir. Além do mais, pessoas com depressão estão expostas à um grande risco de suicídio.

Uma pessoa sofrendo de depressão, entretanto, não achará tão fácil evitar seus sintomas. Seus sentimentos de desânimosão profundos, predominantes e sem fim. Mesmo grandes novidadesou acontecimentos prazerososnão ajudarão a superar esses sentimentos. Será mais difícil para essas pessoas esconder seus sentimentos de familiares e amigos. Em geral, a depressão é considerada um desafio maior a ser resolvido do queansiedade e distúrbios do pânicoporqueo processo leva mais tempoe o tratamento é mais complicado.

É comum para as pessoas experimentar ansiedade e depressão. Muitas situaçõespodem levar a depressão, tais como mágoas, um divórcio, perder um emprego, crise financeira, problemas com trabalho e famíliae outras coisas inesperadas e infelizesque podem afetaro comportamento de uma pessoae sua perspectiva de vida.

Depressão severa e problemas de ansiedadepodem ser tratados separadamente,ou ambos,através de terapias e aconselhamento. Existem hojemuitos profissionais que oferecem aconselhamento e terapias para pessoas sofrendo de ansiedade e depressão severas,ao mesmo tempo queexistem vários fármacos e medicamentos disponíveis, os quais foi provado serem eficazes no tratamento destes problemas,melhorando as funções cerebrais.

Transtornos de ansiedade e depressãodevem ser tratados imediatamentequando diagnosticados, visto que podem afetar significativamente a vida normal de uma pessoa. Pessoas que sofrem destas condiçõespodem achar difícil lidar com tarefas e funções do dia-adiadevido ao estado de instabilidade emocionalcausado por esses distúrbios.

Transtornos de depressão e ansiedadegeralmente implicam embaixa energia ou sentimentos devastadoresque podem influenciar significativamentenas emoções, no humor, no temperamentoe napaciência. Estes sintomas dos transtornos de ansiedadee depressão severapodem afetar o modo como as pessoas lidam com seus relacionamentose como agem a cada dia.

Formas de Ansiedade:
A ansiedade pode surgir de muitas formas diferentes,depende do que desencadeia os seus sentimentosde medo, preocupação ou pavor. Esses três tipos de ansiedadesão os tipos mais comuns e discutidos com frequência em pesquisas modernas de psicologia, porém háoutros tipos de ansiedadeque não se encaixam tão bem nessas categorias (fobias específicas, ansiedade existencial, ansiedade mortal, etc.).No entanto, os tipos de ansiedade incluem:

Ansiedade Social:
Ansiedade Social é o medoou preocupação com situações sociais. Você talvez se sintadesconfortável ou evitará ambientesque envolvam um grande grupo de pessoas (comoem uma escola, no trabalho) ou evitará certos tipos deinterações individuais (como entrevistas de emprego, encontros, interações com estranhos pela primeira vez ou encontros com celebridades).

Ansiedade de Desempenho:
Diferente da ansiedade social, ansiedade de desempenho é o medoou preocupação com o seu desempenho, comopor exemplo, um estudante realizando os exames finais na escola, ou um músico atuando no palco, ou um atleta jogando um jogo importante. Sua preocupação estará em pensar que não dará o melhor de si, que estragará tudo ou perderá, e essa ansiedade, na verdade,podeinibir-nosde atuarmos em nossa capacidade máxima (ou de atuarmos, por exemplo, pelo grande "medo do palco").

Em vez de focarno que precisa ser feito para se ter sucesso, você ficarámais focado em tudo que pode dar errado. Às vezes, isso podetornar-seuma profecia autocumprida. Seus pensamentos te deixam maisdesconfortável e mal preparado, e então,esses pensamentosguiam à açõesque reafirmam nossos conceitos anteriores.

Ansiedade de Escolha:

Ansiedade de escolha é uma ansiedade enraizadana incerteza ao tomarmos decisões. É verdade queninguém consegue agir ou tomar uma decisãocom total conhecimentode quais serão as consequências; o universo é complexo demaise nossa mente não é capaz deentender isso completamente. Em virtude disto, você geralmente sente ansiedade quando precisa fazer uma grande decisão em sua vida, pois não sabemos sefaremos a melhor escolha possível.

Tipos de Transtornos de Ansiedade:
Transtorno de Ansiedade Social:

Este é um dos tipos mais comuns de transtorno de ansiedadeem adolescentes. Com este distúrbio, você irá achar que o medo e a timidez,que uma pessoa em média senteem certos contextos sociais,é ampliado quase exponencialmente no seu caso. Isso está muito mais alémdo medo do palcoou o medo de falar em público. Os sintomas incluem: batimentos cardíacos rápidos, suor em abundância, náuseas, tonturas e pode incluirdesmaiosem situações graves,acompanhados de calorões e/ou vômitos. Esses sintomas físicossão tão pesados que você evitasituações sociais totalmentepor medo de experimentartodos eles novamente. Casos mais sériosde transtorno de ansiedade social normalmente levam a um distúrbio conhecido como agorafobia, pois aqueles que sofrem desta doença irão evitarsair de casa por vezes,com o intuito de escapar dos sintomas.

Transtorno de Ansiedade Generalizada:
Este é bem comume é causado, em geral,por altos níveis de tensão, estresse e preocupação. Estes geralmente surgirãoda vivência do dia a diae serão causados, por exemplo, por um trabalho altamente estressante, um relacionamento ruim, falta de dinheiro e assim por diante. A razão de ser comumé porque muitas pessoas hoje em diavivem a vida com esses tipos de tensões todos os dias, mas elas não parecem perceberque a ansiedade resultante pode se tornaralgo muito mais sério.

Suas manifestaçõe sãosensações diárias de estar doente, mas não apenas isso.Você terá dores de cabeça, dores de estômago,falta de concentração, palpitaçãoe muito mais, porém nunca são consideradastão sérias para se ir ao médico. Você saberá que algo está erradoquando, eventualmente,você não for capaz de desempenharsuas funções de maneira normal.

Síndrome do Pânico:
Ataques de pânico recorrentessão o prenúncio deste particular transtorno de ansiedade que pode ser bem problemático. Muitos dos que sofrem de síndrome do pânico, frequentemente,também sofrem de agorafobia, todaviaas duas condições devem ser diagnosticadas e tratadas separadamente. Os ataques de pânicoentre aqueles que sofrem de síndrome do pânicosão bem sérios e assustadores. Em muitos casos, eles são confundidos com ataques cardíacose nunca devem ser levados brandamente ou rejeitados. O melhor é sempre se ter cautela e cuidado medico e descartar um ataque cardíaco,do queignorar a possibilidadee acabar sendo realmente um ataque cardíaco.

Este distúrbio é menos comumdo que o transtorno de ansiedade generalizada e sua manifestação é muito mais intensa. Surge de repente e sem alerta, o indivíduo sentirá incapacidade de respirar, suará, o coração baterá muito rápidoe ele tremerá, entre outros sintomas. Os que sofrem reportam sentirem-se confusose terem uma sensação de tormento–como se fossem morrer.

A razão pela qual essas reações acontecemnão é bem conhecida. Algumas pessoas sofrerão ataques de pânico com frequência, enquanto para muitas outras, pode ser um episódio únicona vida e nunca se repetir. A Síndrome do Pânico, por causar ataques de pânico, pode levar o indivíduo a desenvolver agorafobia.

Transtorno Obsessivo Compulsivo:
Este tipo de transtorno de ansiedadeé uma doença mentalque causa pensamentos indesejáveis (obsessões) e comportamento repetitivo (compulsões). É quando você sente quetem que fazer algode novo e de novo,sem uma explicação lógica, apenaspara se sentir seguro e protegido. Você simplesmente tem que fazer isso - dizer, lavar as mãos, escovar o cabelo, conferir as portas e janelas para ver se estão protegidas,

conferir sua carteira/bolsapara ver se seu dinheiro ainda está lá, e assim por diante.

Uma pessoa se torna obsessivae tem compulsões que parecem não controlar. As obsessõessão bem diferentes de outras obsessões, vamos dizer hobbies que outras pessoas teriam. Um indivíduo pode ter um medo compulsivo de germese, deste modo, estar constantemente fazendo limpezae ter medo de pegar germes dos outros. As compulsões também são incontroláveis–alguns talvez desenvolvam um certo modode entrar em casaonde eles somente pisam em certos ladrinhos no chão. A causa deste distúrbionão foi estabelecida, porém medicamentos e terapia comportamentalparecem ajudar.

Transtorno de Estresse Pós-Traumático:
Este pode ser bem sério, pois muitas vezes os que sofrem dele podem machucar a si mesmos,em uma tentativa de livrar-se da dor. É geralmente vividopor pessoas que passaram porum evento profundamente traumático,como estupro, guerra, um

tiroteio, um ataque a bombae todo o mais que possa deixar alguém profundamentemarcado. Essas pessoas têm flashbacks do acontecidoe continuam a vê-lo talcomo aconteceu. Sofrem de insônia, poisquando tentam dormirelas revivem o que aconteceu.

Tendem a tornar-se emocionalmente retraídase, às vezes, têm uma profunda sensaçãode autoaversãopois pensam que são culpadas pelo que aconteceu. Normamelmente, ficarão irritadase podem reagir fisicamente quando lembradas do trauma.

Fobias:
Estes tipos de transtorno de ansiedadesão muitos e variados, porém eles são ainda classificados comotranstornos de ansiedade,principalmente se afetarem a vida cotidianade uma pessoa.

Se você sofre de qualquer tipo destes transtornos de ansiedade, há ajuda disponível. A chave está em encontrar uma solução que permitarecuperar o controle da sua vida,que a ansiedade levou embora. Não importa se você optar por soluções naturais ou homeopáticaspara ansiedadeou ir pela estrada do aconselhamentoe prescrição de medicamentos, o importanteé que você consiga a ajuda da qual precisa. Mesmo que os seus sintomas de ansiedadenão sejam tão severos quanto os dos tipos de transtornos de ansiedademencionados acima,você talvez se beneficieda procura de uma terapia profissionale/ou tratamentos naturais para ansiedade.

Causas da Ansiedade:
Existem muitas causas para os ataques de ansiedade, que variam de problemas médicosàestímulos mentais e emocionais externos. As causas são muitas e variadase se você está sofrendo de ataques de ansiedade, é imperativo descobrir o que está causando eles.

Causas Hereditárias:
Em primeiro lugar, a culpa pode ser hereditária. Foi descoberto que ataques de ansiedadesão passados em famílias, o

que leva muitos profissionaisà concluir queo traço pode ser encontradono genoma humano. Por outro lado, estudos realizados emgêmeos idênticosmostraram queàs vezes um gêmeo terá ataques de ansiedade, enquanto o outro não. Outra maneira, pela qualataques de ansiedade podem ser herdados,é através deumavisão de mundo extremamente cautelosa por parte dos pais do paciente e o estresse cumulativo que isso causa.

Causas Biológicas:
Há também muitas causas biológicas para ataques de ansiedade, tais como incômodos internos no ouvido (labirintite), hipertireodismo, síndrome da hiperventilação, hipoglicemia, prolapse da válvula mitral (uma doença do coração), pheochromocytoma (um tumor na glândula adrenal), eDoença de Wilson (uma desordem genética). Até mesmo uma deficiência de vitamina B, causada por uma infecção parasita de solitárioau por má alimentação,também pode causar ataques de ansiedade.

Causas Mentais / Emocionais:
Problemas mentais ou emocionais também podem provocarataques de ansiedade. Estes incluemansiedade generalizada, transtorno obsessivo compulsivo (TOC), fobias, transtorno do estresse pós-traumático (PTSD), perda pessoal significante (como a perda de um parceiro), mudanças significativas de vida, pensamentos de "e se", falta de assertividade, sentimentos retraídos, crenças enganosas, prevenção ou associação com situações ou ambientes que provocam ansiedade.

Causas Farmacológicas / Medicinais:
Causas farmacológicas ou medicinais incluem anfetamina, álcool, maconha, psilocibina (um alucinógeno encontrado em alguns cogumelos), efeitos colaterais de drogas,comoa Ritalinaou outros antidepressivos (especialmente no início ou fim do uso), e estimulantes como a cafeínaou nicotina. Algumas pessoas que sofrem com ataques de ansiedadedesenvolvem tambémum medo irracionalde certos medicamentos, que

pode resultar em ataques de ansiedade se os mesmos forem tomados, o que é simplesmente um efeito pscicosomático similar ao que placebos têm mostrado produzir.

Experiências/Ambiente de vida:
Como uma causa de ansiedade, psicanalistas acreditam que experiências assustadoras do passado,alojadas no subconsciente,prepara uma pessoa para ter uma reação exageradaem situações comuns ou circunstânciasque outros passariamsem sentir medo. Muitos pesquisadoresconcordam quea causa da ansiedade estáenraizadaem um abuso de longo prazo ou anterior, estresse, violênciaou pobreza. Quando se tem um ataque de pânico pela primeira vez, uma marca forteé deixadana psique da pessoa. Isso geraum ciclo de ansiedadeonde a pessoadesencolve um medo pouco saudávelde vivenciar um outro ataque.

Para concluir, existem muitas causas para os ataques de ansiedade, muitas das quais estão completamentefora do seu controlese estiver passando por elas. A boa notícia é que a culpa não é sua. Seus ataques de ansiedadenão são o que você pediue não são algo que você necessariamente causou. Se for descoberto que seus ataques de ansiedade são causados por algo externo,isto é fácil de remediar eseu problema talvez possa ser resolvidobem facilmente. Se for causado por um estilo de vida escolhido, por exemplo, o consumo de maconha ou álcool, há alternativas disponíveis. Se for algo mais efêmero, um profissional de saúde mentalpode aconselhar-lhe e/ouprescrever uma medicaçãoque lhe ajudará a lidar comseus ataques de ansiedade.

Como Superar a Ansiedade:
Qualquer que seja a fonteou o foco da ansiedade, há maneiras que podem ser trabalhadaspara lidar com isso. Superar a ansiedadeé possível, muitas vezes, sem a ajudade um profissional, no entantorealmente depende da intensidadedo problema.

Aqui estão algumas dicas para superar a ansiedade.

Conhecimento:
O primeiro passo em rumo à uma vida normalé ganhar o máximo de conhecimento possívelsobre ansiedade e ataques de pânico. Com o conhecimento adequado, você será capaz de fazermudanças de comportamento simplesque podem ajudar muitoa superar os ataques de ansiedade.

Evite os Gatilhos:
Se qualquer coisa que estiver causandoa sua ansiedade tiver um gatilho, você precisa evitá-lo. Por exemplo, se a sua ansiedade é em relação a criminalidade da cidade, então você talvez precise parar de assistir ao noticiário do fim do dia. Qualquer que seja o gatilho da sua ansiedade, ele deve ser evitado.

Meditação/Oração:
Muitos acreditam que começar o dia meditando ou com uma oraçãopode amenizar a sensação de ansiedade. Para alguns, é saber que a situação está nas

mãos de Deus. Para outros, apenas recitar frases positivasé o suficiente para mantero medo um pouco de lado. Tente fazer por pelo menosquinze minutosde manhã e quinze minutos de noite.

Terapia/Medicação:
Para aqueles com um problema mais sério, superar a ansiedade pode envolvera procura de ajuda profissional. Ver um terapista talvez possa ajudar a isolara fonte da sua ansiedade. Fazer issopodeajudar a deixar o problema sob controle. Um terapista também poderá trabalharcom técnicasque são voltados especialmente para você. Você poderá testar vários métodosde lidar com o seu medo até que encontre uma solução que funcione com você.

Para alguns, isso significa medicação. Tenha em mente que a medicaçãodeve ser considerada somentepara casos severos de ansiedade. Há efeitos colateraisna maioria dos medicamentos prescritos, portanto deve-se considerar medicação como um último recurso.

Dieta e Exercícios:
Ter uma alimentação boa e balanceadaque inclui vegetais, frutas, proteínas, carboidratos, vitaminas e mineraisé uma das melhores curas naturais para a ansiedade. Isso irá garantir que vocênão se sinta cansado e fatigado. Junto com a dieta deve-se fazeralguns exercícios simples. Tente começar ioga, caminhadas rápidasou natação. Estes exercícios melhorarãoa circulação sanguínea e o suprimento de oxigênio em todas as partes do corpo. Além disso, não esqueça os exercíciosde aquecimento.

Socialize:
Parasuperar os ataques de ansiedadeé também essencialmisturar-se com a família e amigos. Na verdade,você pode ter a ajuda deles durante os ataques de pânico. Com ajuda extra, você poderá coletar mais informações à respeito dos seus comportamentos e sintomas.

Dormir bem:
Dormir é um dos melhores remédiospara muitas doenças. Se você conseguir ter

uma noite de sono de qualidade,sem ajuda externa, isto será mais poderosodo que as melhores curas naturais para a ansiedade. Dormir ajuda a acalmar os nervose o corpo. Um corpo relaxado é menos propenso a ataques de pânico.

Evite beber muita cafeína:
O café contém altas quantidades de cafeína. Estudos mostram que a cafeínapode causar o aumentoe também induz ao nervosismoe transtornos de ansiedade. Cafeína está presente em chás, cafés e refrigerantes. Uma ingestão menor destes (ou no caso de café, beber o descafeínado) pode reduzir ou ajudar a curar os transtornos de ansiedade.

Evite eventos estressantes:
O estresse é conhecido por ser a primeira causade ataques de ansiedade. Organizar a sua vidade uma forma que limite ou evite o estresse, ajudariamuito a reduzir ou curarproblemas relacionados com a ansiedade. Menos eventos estressantesna sua vida significariammenos ataques de ansiedade.

Há algumas dicasque lhe ajudarão a superarseus problemas de ansiedade. Você pode também consultar um profissionalpara entender melhor os seus problemase para receber orientações e instruções específicas de como superar o seu estado de ansiedade.

Tipos de Depressão:
Quando as pessoas falam sobre depressão, elas geralmente referem-se a uma pessoaque se sente triste e letárgica, e que tem uma perda generalizada de interesse na vida. Muitas pessoas não percebem quehá vários tipos diferentes de depressão, da qual uma pessoa pode estar sofrendo, e cada tipo geralmente apresenta diferentes sintomas. Abaixo, segue alguns dos vários tipos de depressão.

Depressão Amena/Leve:
Esta é a forma de depressão menos severa. Os sintomas normalmente não são tão severosque tenham um impacto maior na vida dos que sofrem dela, apesar de que a depressão ainda pode

causardificuldades e transtornos. Muitas pessoas que sofrem de depressão amenanunca procuram tratamento–elas não acreditam que os sintomas são sérios o suficiente.

Distimia:

A distimia ou transtorno depressivo persistenteé uma forma de depressão amena de longo prazo (que dura dois anos ou mais). Assim como na depressão leve, muitos dos que sofremnunca procuram por ajuda,pois não acreditam que os seus sintomas sejam sérios o suficiente. Ainda da mesma forma que na depressão leve, os sintomas da distimianormalmente não têm um grande impactona vida cotidiana dos que sofrem dela. Contudo,quando os resultados da depressão a longo prazosão considerados, o impacto pode ser enorme. Pessoas que sofrem desta depressãofrequentemente não conseguem lembrarda época que não eram depressivos.

Depressão Moderada:
Este tipo de depressão se encaixa em algum lugarentre a depressão amenae a depressão grave. Os sintomas da depressão moderadasão mais severos e numerososdo que da depressão amena, e eles começam a ter um impacto maiorno trabalho, no lar e na vida social de quem sofre dela. Enquanto a depressão levee a distimiapodem passar desapercebidaspelos outros, os sintomas da depressão moderada são, geralmente, notáveis. Se não forem tratadas, pessoas sofrendo de depressão moderada podem cair em uma depressão grave.

Depressão Grave (ou clínica):
Este é o tipo de depressão que muitas pessoas geralmenteconhecem. É a depressão clássicaou,como é normamlemnte referida, depressão clínica.

Psiquiatrasdefinem a depressão grave, ou clínica,como um tipo de depressão queresideno final sombrio do epectro, deste modo, sendo igualmente referida como "depressão unipolar." Uma pessoa com este tipo de depressão tem pensamentos tristese é incapaz de controlá-los, permanecendo em um estado de tristeza por um longo período de tempoe tende a odiar a si mesmomais do que outras pessoaspor estar do jeito que está.

Uma pessoa com esse tipo de depressão precisao máximo de supervisão. Ela é bem capaz de machucar a si mesma. E é por isso que, com depressão clínica, uma pessoa deve ser tratadacom medicamentos. Isto serve para prevenir suicídiosa qualquer momento que a pessoa caiaem ódio de si mesmae aversão,o que é muito comum neste tipo de depressão.

Depressão Bipolar (BPD):
A depressão bipolaré também conhecida como depressão maníaca, e é caracterizada pelo fato de haver grandes mudanças de humor em quem sofre dela, de muito otimista e energético para baixas extremas. Ambos os períodos,

normalmente,duram por várias semanas. A depressão bipolar écategorizada dentro de um grande número de subcategorias. Enquanto não há um consensoem quantas categorias elas são, as quatro mais comuns sãoTranstorno Bipolar I, Transtorno Bipolar II, Transtorno Ciclotímico e Transtono Bipolar não identificado de outra forma(NOS).

Depressão Pós-parto:
O pós-parto carrega o significado de se sofrer de depressão durante a gravidez ou depois do nascimento da criança.durante ambos os estágios,as mulheres estão mais propensas a depressãopela adrenalina hormonal pela qual elas passam. Elas sentem que o bebê, de alguma maneira,destruiu o seu modo de vidaanterior a gravidez. Perdas são percebidas, a perda da sua liberdade, figura corporal e juventude são exemplos. Esses sentimentos são, normalmente, acompanhadosde ciúme, ainda mais seseus parceiros demostram maior interesseao recém-nascido do queaos sentimentos delas. Em casos mais

extremos, elas até mesmo se afastamde seus bebêspor medo de machucá-lose, infelizmente, talvez se entregarão a medicamentos para o tratamento.

Depressão Sazonal / Distúrbio Sazonal Afetivo (SAD):
Pessoas que gostam do clima ao ar livre e de luz solarestão, em geral, mais propensas à depressão sazonalou o transtorno sazonal. Durante o inverno, a falta de luz solarterá um papel importantena causa, visto queas pessoas são forçadas a permanecer dentro de casaou incapazes de praticarem atividades ao ar livre. Instalar lâmpadas brilhantese exercitar-se na academia,ou uma área bem iluminadabeneficiariam essas pessoas em termos de tratamento natural.

Depressão Atípica:
Este tipo de depressãofaz com que seja difícil conviver com alguém. A pessoa que sofre dela pode tornar-se hipersensívelemocionalmente, ter ataques de pânico, reações exageradase dormir demais. Isto pode impedir a pessoa de ter

uma relação romântica duradoura,pois os sintomas podem deixar a outra pessoa "louca". Este tipo de depressão é leve e pode ser facilmente curado comparado aos outros tipos.

Depressão Psicótica:
De todos os diferentes tipos de depressão, a depressão psicóticaé a mais agressiva. Com esse tipo de depressão, uma pessoa passará por alucinações, ouvirá vozese terá delírios. Se uma pessoa com depressão amena e grave não obtiver tratamento, ela pode sofrer um ataque psicótico.

Causas da Depressão:
Médicos cientistas têm contribuídomuito para entendermoso transtorno da depressão, no entanto, ninguém ainda descobriu o que deixa o cérebro instávele faz com que o indivíduose torne depressivo. Anteriormente, os especialistas acreditavam que a causa da depressãoeramos pensamentos de angústia que ocupavam a cabeça das pessoas, mas recentemente, foi

descoberto quehá três fatores principaisque deixam uma pessoa deprimida. Esses fatores podem ser hereditários, biológicos ou ambientais.

Por hereditariedade:
Muitos pesquisadores descobriram quea depressão também pode ser causada por fatores genéticos. Se ambos os seus pais ou outros parentestêm uma vulnerabilidade para o transtorno da depressão, então você também estará sujeito a tê-lo. Em gêmeos idênticos, se um estiversofrendo de depressão, há setenta por cento de chances que o gêmeo dessa pessoatambém estará encarando o mesmo problema. Além disso, pais que adotaram crianças também podem enfrentar problemas de depressão em seus filhos adotados.

Causa Biológica:
A depressão pode ser causadapor um desequilíbrio químico no cérebroda pessoa. Este desequilíbrio pode fazer com que os níveis de hormôniosaumentem e diminuam,causando os sintomas da

depressão. Nosso cérebro é a parte mais complexa do nosso corpo; há certos tipos de substâncias químicas em nosso cérebroque circulam por neurotransmissores. Nosso corpo é dependente de quatro tipos de neurotransmissores: neuropinefrina,serotonina, dopamina eacetilcolina. A depressão é causada por consequência daserotonina e daneuropinefrina. Serotoninaestá ligada aos nossos hábitos de sono,e a falta de serotoninafaz com que a pessoa tenha problemas para dormir, irritabilidade e medo. Parecido com isso, uma deficiência emneuropinefrinafaz com que a pessoa fique doente, perca o foco e causa fadiga.

Causa Emocional ou Ambiental:

Esta causa tem o papel principal na depressão das pessoas. Muitas vezes, as pessoas passam por problemas emocionais em suas vidasque modificam suas reações emocionais e físicas. As pessoas continuam pensando no problemae causam danos ao cérebro, o que resulta em adrenalinaou outros hormônios do estresse. Problemas emocionais incluem:problemas de família, vida pessoal instável, crise financeira, abuso, morte de um ente querido, etc. Isso aumenta o fardo em nossa mente, que então começa a trabalhar anormalmentecausando ansiedade, dores de cabeça e insônia. Esta anormalidade no cérebrotambém afeta outras partes do corpo,como o coração e o fígado.

Causas Sociais e Psicológicas da Depressão:

Estas irão afetar aquelesque já estão vulneráveisà depressão biologicamente. Pessoas que tiveram falta de apoio familiarestão sob risco maior de ter depressão, aqueles que se sentem sozinhose isolados,mesmo estando no meio de pessoas,também estão em alto riscode tornarem-se depressivos.

Além disso, eventos estressantes navida, como a perda de um ente querido, desemprego, doença ou aposentadoria,causarão depressão também. Estresse de infância, abuso sexual, conflito familiar, turbulências e doença mentalprovacam a depressão. Traços pessoais comopessimismo, baixa autoestima, introversão, negatividade, características de insegurança,são plausíveis de transformarem-se em depressão.

Causas Médicas da Depressão:
Uma variedade de doençaspodem afetar o humor e levar a uma depressão, doenças cerebrais comoo Mal deParkinson, Esclerose Múltipla, Doença de Alzhemer,Hipotireoidismo(uma condição causadapor baixos níveis nos hormônios da tireóide)geralmente contribuem para deixar-nos deprimidose fatigados, assim devem ser sempre descartadas antes de um diagnóstico de depressão. Problemas de saúdeque causam dor crônica (Artritè) podem também levar à depressão.

Fatores Relacionados ao Estilo de Vida:
Um estilo de vida pouco saudável, com uma alimentação cheiade calorias inúteis, uso de drogase abuso de álcool,podem desencadear uma depressão. Falta de

exercíciospodem colocar-lhe em risco, junk food e alimentos açucaradospodem causar mudanças rápidasna glicose do sangue, resultando em uma "alta" temporáriaseguida de uma baixa. O mesmo se aplica a bebidascom cafeína. Deficiência de certas vitaminas e minerais tem sido conectadasà depressão, que causam fadiga e tristeza. O álcool é um sedativoque desacelera a atividade cerebral eé particularmente perigoso. Uso de maconha em excessotambémpode levar a depressão.

Estas são apenas algumas das causas da depressão. Assim como existem fatores de riscopara a depressão, existem também fatores protetivos. Um forte sistema de apoio, uma visão otimista, um senso de autoconfiança, uma vida familiar e de trabalho gratificantee senso de controle sobseu próprio destino – todas estas coisaspodem manter a depressão longe, mesmo que você tenhauma predisposição genéticapara isso.

É necessário consultar um médicoquando alguém passar pelos sintomas da depressão, deste modo eles podem ajudara curá-la antes quese agrave. Nos piores casos, a depressão pode levar os pacientesa machucarem outras pessoasou a eles mesmos,e pode até mesmo resultar em suicídioou em tentativas de suicídio.

Como Superar a Depressão:

Superar a depressão talvez pareça uma jornada longa e difícil, porém, com a ajuda certa, você pode fazer isso sem sentir nenhuma pressão. Abaixo, seguem algumas dicas chave e importantes que lhe ajudarão a superar a depressão mais rápido.

Conseguir ajuda de familiares e amigos:

Em primeiro lugar e primordialmente, certamente ajudará se você tiver amigos e familiares que lhe apoiam. Talvez seja difícilpara vocêser honesto e contar à elesque você tem depressão (se não tiver contado ainda), mas eles certamente serão compreensivos ao invés de críticos,etenho certezaque eles estarão com você para ajudá-lo a se recuperar e superar a depressão. Tais amigos podem ser difíceis de encontrar, e estou ciente de quenem todos os mebros de sua famíliapodem ser verdadeiramente compreensivos, mas se você conhecer algumas dessas pessoas, você poderá se apoiar. Deste modo, é recomendado que você se aproxime deles.

Reconhecer e Admitir:

Reconhecer que a vida é cheia de altos e baixose, se mesmo assimvocê talvez se sinta incapaz de lidar com isso, saber que não durará para sempre. Saber que você não fracassoupor estar deprimido, ter coragem de enfrentar e querer superar.

Estar consciente dos seus pensamentos em relação a si mesmo:
Você só alimentará a sua depressãose levantar a cada manhãe dizer a si mesmoo quanto deprimido você está se sentindoe quanto difícil a vida é. Foque no positivo. Há pelo menos uma coisa boa no seu mundo. Talvez seja a sua família, filhos, hobby, trabalho, amigos ou a igreja. Pense

a respeito quando estiverse sentindo para baixoe o quão sortudo você épor ter isso no seu mundo.

Aprenda a se perdoar:
Na maior parte do tempo, uma pessoa fica deprimidaporque ele ou ela é incapaz de perdoar a si mesmo. Às vezes, você pode sentir queé mais fácil perdoar outras pessoas do que perdoar a você mesmo, e isso pode acontecer porque vocêcoloca altas expectativas sob si. Todos somos humanose você está suscetível a cometer erros, porém como você é tão perfeccionista, acha difícil de aceitar o erro que cometeu. Se quiser superar a depressão, você precisa relaxare aceitar o fato de quevocê cometeu um erro. O melhor que se pode fazer é aprender com ele.

Apoie Outras Pessoas:
Quando você está deprimido, você certamente quase nuncase sente muito bem consigo mesmo. Uma maneira de virar o jogo éauxiliar outras pessoas. Ajudar outras pessoas pode ser um

elemento crucial no tratamento da sua depressão. Se você passar tempo com outras pessoas, você verá que todos enfrentam dificuldades. Focar nos desafios dos outros talvez seja uma distração bem-vindadas suas próprias complicações e depressão.

Faça coisas que você gosta de fazer:
Definitivamente é difícil ficar deprimido quando você está acostumado a fazer coisas divertidas. Entretanto, para aqueles que sofrem de depressão crônica, você talvez descubra que não quer participar de certas atividades, pois um dos sintomas da depressão é a falta de motivação. Criar um tempo para atividades agradáveis é crucial se quiser superar a depressão. Mesmo se você não "tiver vontade" de fazer nada, faça algo de qualquer maneira. Dê uma volta de bicicleta no parque, jogue um jogo ou simplesmente faça uma caminhada de 20 minutos.

Nunca faça isso sozinho:
O poder da positividade é contagioso, portanto se estiver deprimido, encontre pessoas positivas para ajudá-lo. Você pode pensar queestá naturalmente atraído por pessoas que se sentem muito deprimidas, mas isso só resultará em ficar mais deprimido. Uma vez que estiver deprimido, precisará encontrar pessoas que podem desafiar a mentalidade negativaque lhe deixaassim. Isso não significa que você tenha que rejeitar inteiramentebons amigos e familiares que também tenham sintomas de depressão. No final das contas, você não gostaria que eles lhe rejeitassem. Certifique-se apenas de encontrar outros indivíduosque podem ajudar a melhorar o seu humor e desafiar-lhe a superar a depressão.

Desenvolva uma Atitude de Gratidão:
Muitas pessoas se sentem deprimidasquando olham para as condições negativas de suas vidas. Aprenda a pensar e viver na positividade. Encontre alguém para ajudar a colocar você para cimatoda vez que você começar

a reclamarde algo. Encontre algo para ser grato todos os dias.

Mantenha-se Ocupado:
Quando não estiver ativo, sua mente tem a chance de vagar e focar em pensamentos negativosque causam a depressão. Encontre algo que você ama fazer, algo pelo que seja apaixonado. Talvez cozinhar, fazer artesanato, animais, web design. Quando você encontra a sua paixão, se ocupa com isso e se mantém ocupado.

Exercite-se Regularmente:
Exercícios ao ar livreé um elemento chave na recuperação. Ficar sentado em um quarto escuro todo o diacom a TV ligadae as cortinas baixadas não farão você se sentir bem consigo mesmo! Saia pelo menos uma vez por dia ao ar livre e fresco. Se estiver tomando alguma medicação, sempre consulte o seu médicoantes de fazer um tipo de exercício regular.

Mude a sua Perspectiva:
Pessoas que sofrem de depressãogeralmente focam no lado

negativo das coisas. Elas visualizamum futuro sombrio e tristepara si mesmas e para os outros. Mudar a sua perspectiva não é fácil,mas tem que ser feito,se quiser superar a depressão.

Uma dica importante é pararde focar no que deu errado no passado. Pensar muito no passadosó o deixará mais tristee mais deprimido. Comece a pensar no que você gostaria para o seu futuro. O que você gostaria que acontecessena sua vida que te faria feliz. Pense nessas coisas. Note que este tipo de pensamentoé diferente de devaneios e desejos.

Procure por Aconselhamento Médico:
Além de procurar a ajuda de amigos e familiares, também seria muito benéficose você procurasse um aconselhamento médico. Você provavelmente gostará de ser orientado por um psiquiatra ou psicólogo e, provavelmente, passará por alguma terapia emocional. Lembre-se de que essas coisas médicaspodem ajudar a se recuperar, portanto está tudo bem em abrir seu coração para eles. Lembre-se

também deir as sessões de terapiaregularmente para que possaprogressivamente superar a sua depressão.

Parte 2

Introdução

Este livro contém etapas e estratégias comprovadas sobre como reduzir a ansiedade, os sentimentos de nervosismo e evitar ataques de pânico. A ansiedade é um distúrbio que afeta milhões de pessoas todos os dias, e pode realmente causar danos à pessoa e àqueles ao seu redor. Existem maneiras de vencersuaansiedade e livrar-se de estresse desnecessário. Neste livro, você encontrará maneiras de superar a ansiedade e os sentimentos que a acompanham. Acredite ou não, existem muitas maneiras de ajudá-lo sem incluir o uso de medicação prescrita. Se você tem ansiedade e quer livrar-se dela, então este é o livro certo para você.
- Identifique a Ansiedade e como gerenciá-la adequadamente
- Fácil passo a passo sobre como lidar com ansiedade e nervosismo
- Como se cuidar melhor e ter um forte amor próprio

- Você é o que você pensa, então cultive pensamentos positivos

Obrigada mais uma vez por baixarem este livro, espero que gostem!

Capítulo 1: O que é, realmente, Ansiedade e como sei que tenho?

Se você se sente inquieto, nervoso, e preocupado corriqueiramente, então é bem provável que você está sofrendo de ansiedade. Não se preocupe, você não está sozinho. Milhões de pessoas sofrem de ansiedade, e a maioria sequer sabe, e mesmo que saibam, não tem conhecimento de como tratá-la. A ansiedade pode ser realmente uma barreira na vida cotidiana e pode fazer com que situações normais pareçam um desafio enorme. Todos nos sentimos ansiosos de vez em quando, e isso afeta cada pessoa de uma maneira diferente. Se você tem medo de falar em público, se preocupa com um teste importante na escola, ou até com uma entrevista para um novo emprego, estas são coisas completamente normais pelas quais se sentir ansioso ou nervoso.

Embora a ansiedade desapareça depois que passamos por essas situações, para algumas pessoas ela ainda existe na vida cotidiana e a acumulação de sentimentos de ansiedade pode parecer realmente esmagadora e impossível de superar. Se você está se perguntando se tem ansiedade, veja se algum destes sintomas se aplica a você:

1. **Preocupação excessiva.** Como eu disse, é perfeitamente normal se preocupar com coisas que valem a pena, mas quando você começa a se preocupar com qual roupa é melhor usar para trabalhar ou se alguém vai gostar do presente de aniversário que você comprou, você está se preocupando demasiadamente.

2. **Dificuldade em dormir ou perda de sono.** Se você estiver experimentando insônia quase toda noite ou se estiver tendo problemas para dormir, porque acorda constantemente, isso provavelmente se deve à ansiedade. Aquelas noites em que você fica acordado porque sua mente está acelerada e você não consegue adormecer devido ao fato

de pensar demais e se preocupar com tudo o que está acontecendo em sua vida. Isso é ansiedade.

3. **Medo irracional.** A palavra-chave aqui é "irracional". É bom ter medo das coisas, mas temer algo sem motivo lógico é causado pela ansiedade. Embora a ansiedade seja geralmente generalizada, alguns tipos de ansiedade advêm de uma fobia específica ou de fobias específicas que você possa ter. Fobias são, na verdade, um tipo de transtorno de ansiedade que envolve um medo específico, do qual você percorre grandes distâncias para evitar. Apesar de que algumas fobias sejam justificáveis, a maioria é reconhecida como irracional.

4. **Tensão muscular e dores.** Como você provavelmente sabe, o estresse pode fazer com que o corpo fique tenso, o que leva a músculos doloridos, e a ansiedade é muitas vezes a raiz da maior parte do estresse.

5. **Indigestão e outros problemas estomacais.** Já alguma vez sentiu-se tão nervoso que seu estômago parecia estar literalmente revirando? Isso se deve ao fato de que o estômago é altamente afetado pelo estresse psicológico. A Síndrome do Cólon Irritável (SCI) é, infelizmente, um sintoma físico quando se sofre de ansiedade. A SCI pode causar dores de estômago, diarreia, gases, inchaço e muito mais. O que é ainda pior do que ter esses sintomas é que eles costumam fazer com que você se sinta ainda mais ansioso, o que causa um ciclo vicioso.

6. **Autoconsciência e outros problemas de autoestima.** Sentir-se desconfortável consigo mesmo pode levar ao Transtorno de Ansiedade Social. Se você não é fã de grandes multidões, é uma coisa, mas se você se sente nervoso e desconfortável em um ambiente social pequeno, isso não é bom. Ter ansiedade social pode atrapalhar sua capacidade de estabelecer e manter amizades, relacionamentos e

boa harmonia com aqueles com quem você trabalha. Isso pode fazer com que seja difícil para você crescerno trabalho ou conhecer novas pessoas.

7. **Ataques de pânico.** Ataques de pânico são absolutamente aterrorizantes. Medo, tontura, suor frio, coração acelerado, dificuldade para respirar e calafrios não são uma combinação muito divertida de se experimentar. O que os torna ainda mais assustadores é que você acaba vivendo com medo porque não sabe quando terá um ataque novamente. Eles são frequentemente provocados por um alto nível de ansiedade e, às vezes, você nem sabe ao certo por que teve um ataque a princípio.

8. **Perfeccionismo e Transtorno Obsessivo-Compulsivo (TOC).** Quando você está se sentindo ansioso, às vezes sente a necessidade de ter certeza que todas as tarefas que conclui estejam completamente perfeitas. Se estiver menos que perfeito, você acaba se

sentindo ainda mais ansioso e, assim, se sente ainda pior. O TOC é frequentemente ligado à ansiedade porque sentir-se ansioso pode obrigá-lo a agir compulsivamente e irracionalmente, realizando rituais e rotinas que são desnecessárias ao completar uma tarefa.

9. **Flashbacks.** Se sua ansiedade é causada por um acontecimento traumático ou por vários acontecimentos ocorridos no passado e você continua a ter flashbacks, provavelmente você também esteja sofrendo de Transtorno de Estresse Pós-Traumático ou TEPT. Isso acontece muito com pessoas que testemunharam um acidente trágico; um ente querido que partiu ou pessoas que serviram nas forças armadas. É possível que seus flashbacks sejam decorrentes de um acontecimento relacionado à ansiedade social. Como ser constrangido ou ridicularizado em público, por exemplo. Embora sejam menos extremos do que os acontecimentos que causam o TEPT, ainda são traumáticos para aqueles que sofrem de ansiedade.

10. **Triste ou deprimido.** Depressão e ansiedade muitas vezes andam lado a lado, devido ao fato de que um sentimento pode desencadear o outro. Há sinais que mostram que você tem ansiedade e depressão, e você não deve ignorá-los, ou isso será pior. Se você está com os batimentos cardíacos aumentados e rápidos, dores de cabeça, sudorese, dificuldade para respirar, fadiga, mudanças nos hábitos alimentares, provavelmente está sofrendo de ansiedade. A ansiedade também pode fazer com que você tenha problemas com a tomada de decisões, perda de concentração e dificuldade parater foco em qualquer coisa. Se você tem diariamente sentimentos constantes de tristeza e derrota, o humor muda e está perdendo o interesse em hobbies e atividades que você costumava desfrutar, então você provavelmente está lidando com ansiedade e depressão.

Capítulo 2: Soluções para ajudá-lo a amenizar a ansiedade, aliviando o estresse interiormente

Seu primeiro passo para aliviar sua ansiedade é reconhecer exatamente o que está sentindo e o que está causando a ansiedade, primeiramente. Existem soluções simples que podem ajudá-lo a facilitar seu caminho para a recuperação. Uma mente e um corpo saudável caminham de mãos dadas, por isso faz sentido começar a sua jornada a partir de dentro.

1. **Respire.** Respire lenta e profundamente e repita isso por pelo menos três minutos. Permita que seu corpo relaxe e se acalme. Toda vez que você estiver começando a se sentir ansioso; repetir essas respirações ajuda. Há até mesmo exercícios de respiração que você pode executar como fazemno yoga. Há um exercício que é muitas vezes referido como técnica 4-7-8.

Para realizá-lo, você precisa ficar em uma posição confortável, sentado ou deitado. Em seguida, colocar uma de suas mãos na altura do estômago e uma no peito. Inspire lentamente por 4 segundos, segure por 7 segundos e libere o ar por 8 segundos ou até que seus pulmões se esvaziem. Você pode repetir essa técnica quando quiser.

2. Tire um minuto para identificar o que você está sentindo. Diga seus sentimentos em voz alta (para si mesmo). Por exemplo, "Eu me sinto preocupado com isso" ou "Sinto-me triste por isso ter acontecido". Às vezes, se você disser o que está sentindo em voz alta, perceberá que é desnecessário sentir-se dessa forma. Então, pergunte-se o que está fazendo com que você se sinta assim. O fato de simplesmente identificar que a ansiedade está te fazendo sentir de certo modo é uma coisa boa.

3. Perdoe-se. Todo mundo comete erros, inclusive você. Às vezes acontecem coisas

que simplesmente estão fora de nosso controle. Não seja tão duro consigo mesmo. Você não pode se culpar por não prever um problema antes de ele acontecer. Em vez de se culpar por um erro que você tenha cometido, ou pelo modo como encarou um problema, pense no que você pode fazer no futuro para não cometer esse erro novamente. Tente escrever suas ideias porqueajudará vê-las no papel.

4. Perdoe alguém. Guardar rancor contra alguém pode ser um grande fardo para carregar. Se a maneira como uma pessoa agiu é a causa de sua ansiedade, perdoe-a por isso e aceite que você não é capaz desaber o que ela está passando que pode tê-la levado a agir de determinada maneira.

5. Pergunte-se se vale a pena ficar ansioso. Você provavelmente está pensando: *"Falar é fácil"*, certo? Não precisa ser assim. Nossa ansiedade pode, certamente,acabar com o que temos de

melhor em nós e, por vezes, faz-nos tirar conclusões precipitadas ou pensar o pior sobre uma situação em que o problema é provavelmente menos importante do que se pensa, ou inexistente. Se você está preocupado se alguém está chateado com você, pergunte a si mesmo se existe uma razão paraestarem, ou se você está apenas supondo que estejam. Fazer-se essas simples perguntas pode ajudar a evitar um possível ataque de ansiedade.

6. Gaste menos tempo em RedesSociais. Acredite ou não, a rede social é uma das principais causas de ansiedade e depressão. Por quê? Porque passamos horas e horas todos os dias comparando nossas vidas com as vidas de outras pessoas. Nove em dez vezes, os usuários de redes sociais só postarão as coisas boas ou impressionantes que acontecem com eles no Facebook, Instagram, etc., e isso é tudo o que vemos. Não vemos que tiveram um pneu furado naquela manhã, ou que tiveram um dia ruim no trabalho, ou que estão nervosos com um evento

que irá acontecer. Somos todos humanos e todos cometemos erros e temos dias ruins. Não se compare com outras pessoas, porque o que você está vendo é apenas o superficial de suas vidas. Concentre essa energia na melhoria de si mesmo, um dia de cada vez, e em superar sua ansiedade.

7. Reduza ou elimine sua ingestão de cafeína. Tenho certeza de que isso não é o que você queria ouvir. A maioria de nós precisa de café ou de alguma fonte de cafeína para,simplesmente, funcionardurante o dia. A verdade é que, no entanto, a cafeína pode piorar seus sintomas de ansiedade. Também pode trazer os sintomas em um momento que você normalmente não ficaria nervoso ou ansioso. Se você sentir que não conseguese descafeinar, tente beber café "semi descafeinado" por um tempo para ser capaz de se livrar aos poucos. Você também pode trocar a bebida por chá verde. O chá verde contém cafeína, mas

em quantidade mínima se comparado a uma xícara de café.

8. **Receba seus pagamentos em cheque.** Problemas com dinheiro podem causar ansiedade em qualquer pessoa. Se as finanças são a fonte da maior parte de sua ansiedade, ou aindasomente parte dela, você deve definitivamente reduzir seus gastos e programar um orçamento. Ser financeiramente estável pode definitivamente acalmar sua mente acelerada.

9. **Faça algo que você está adiando.** Quer seja fazer uma ligação, enviar um e-mail ou marcar uma reunião, fazer algo relativamente pequeno que você está evitando irá aliviar imensamente sua ansiedade. Quanto mais nós procrastinarmos, maior será o nosso nível de ansiedade. Sentimo-nos ansiosos porque temos que fazer algo que não queremos fazer, e depois nos sentimos ainda mais ansiosos porque ainda não o fizemos. Faça uma lista de tarefas que

você está adiando. Tente riscar uma da lista por dia. Isso fará com que você se sinta produtivo e reduza sua ansiedade.

10. Concentre-se nas coisas que não lhe causam ansiedade. Pensar nas coisas boas de sua vida, pelas quais você é grato, pode de fatoreduzir seu nível de estresse. Tente ficar motivado, mesmo no dia mais estressante. Se você está tendo uma semana estressante e está se sentindo especificamente ansioso, tente se concentrar em algo divertido e excitante pelo que você tem aguardado. Cerque-se das coisas e pessoas que te fazem feliz. Você também deve pensar nas coisas que estão indo bem em sua vida e não apenas nas coisas que estão dando errado.

11.Faça uma pausa de ler e assistir noticiários. Na maioria das vezes há mais coisas ruins do que boas no noticiário. Seria benéfico para você fazer uma pausa para não se sentir deprimido, preocupado e estressado com algo que pode fazer nada a respeito.

12. Aceite o fato de que você ainda não é quem quer ser. Quando você sofre de ansiedade, não consegue evitar pensamentos de que isso é para o resto da vida, o que lhe causa mais ansiedade. Você pode mudar isso, mas precisa aceitar que isso não pode acontecer da noite pra o dia. Cuide de si mesmo um dia de cada vez e você começará a ver os resultados.

13. Esteja preparado mentalmente, caso seu pior medo realmente se torne real. Planejar o que você faria e como reagiria, hipoteticamente, se algo que você teme acontecesse, pode na verdade reduzir sua ansiedade. Por exemplo, se o seu maior medo é perder o emprego ou ver alguém próximo a você morrer, é importante preparar-se mentalmente para lidar com algo trágico. Isso não significa que você deva insistir ou esperar que essas coisas aconteçam; significa apenas que deve desenvolver um plano prático de como lidar com isso, por precaução. Isso pode realmente diminuir sua ansiedade em relação a esses medos, pois você sabe que, se eles acontecessem, você saberia como lidar com eles.

14.Pratique gratidão. Seja grato por sua vida não estar pior. Reconheça que, mesmo que as coisas pareçam ruins, na verdade não estão quando se olha num âmbito geral. Use um diário para anotar as coisas pelas quais você é grato e continue a agradecer. Você também pode escrever algo bom que aconteceu com você em pedaços de papel, todos os dias, e colocar em um frasco. No final do ano, você pode ler todos eles e perceber que tem muito a agradecer.

15. Mantenha-se positivo. Se você está se sentindo ansioso por um problema ou acontecimento próximo, por estar preocupado com um resultado negativo, tente, então, imaginar um resultado positivo. Permanecer otimista em situações difíceis e estressantes pode

tranquilizá-lo e diminuir seus sintomas de ansiedade.

16. Escreva uma lista de coisas em que você é bom. Em vez de insistir em coisas que fracassou ou é incapaz de fazer, faça uma lista de todas as coisas que você realizou e se destacou. Se você tem medos ou fobias específicos, faça uma lista daquilo que sabe sobre eles. Por exemplo, se você tem medo de voar, mas sabe que precisa ir ao casamento de sua irmã do outro lado do país, pode anotar: "As chances de um avião cair são de uma em 11 milhões". Guarde essas listas em sua bolsa, carteira ou gaveta e volte-se a elas sempre que começar a se sentir ansioso com alguma coisa. A ansiedade tende a tomar conta nossos pensamentos racionais, e acabamos nos esquecendo, e não percebendo, que a maioria dos medos que temos são, na verdade, irracionais e às vezes ilógicos.

17. Estabeleça uma rotina simples. Fazer algo simples, como almoçar ou ir à

academiano mesmo horário todos os dias pode ajudá-lo a sentir que está no controle das coisas em sua vida. Mesmo que seja algo pequeno, é um passo para assumir o controle de sua vida e de seus sentimentos.

18. Mantenha a calma e conte até 10. Quando sentir que vai ter um ataque de pânico, você precisa respirar fundo e contar lentamente até 10.

19. Certifique-se de ter uma boa noite de sono. O sono é a solução para muitos dos problemas da vida. Estar bem descansado é muito importante quando se trata de pensar com clareza. Quando você não consegue dormir o suficiente, isso reduz a atenção, a memória e o autocontrole. Sua mente fica confusa, e você está mais propenso a se preocupar com coisas com as quais não precisa.

20. Levante-se 15 minutos mais cedo todos os dias. A maioria das pessoas não tira tempo o suficiente pela manhã para

se arrumar. Isso faz com que nos apressemos e nos estressemos antes mesmo do café da manhã. Acordar um pouco mais cedo e ter um tempo extra para se arrumar pode reduzir sua ansiedade e ajudá-lo a começar seu dia com o pé direito.

21. Não cancele planos. Mesmo que você não sinta vontade de sair da cama às vezes, é indispensável honrar seus compromissos. A ansiedade social provavelmente faz com que você queira evitar planos previamente feitos, mas se você deixar as pessoas com quem você fez planosesperandopor repetidas vezes, elas podem se cansar depois de um tempo.

22. Doe-se a sua comunidade. Mesmo que você não possa doar dinheiro, oferecer seu tempo em um evento local ou abrigo não apenas o distrairá da ansiedade, como também possibilitará que você estabeleça uma estrutura de

apoio para quando você estiver se sentindo para baixo.

23. Certifique-se de que você está comendo bem. Você pode achar que isso não importa, mas um corpo saudável é igual a uma mente saudável. O que você ingere pode afetar a maneira como você se sente. Se você está comendo muitos alimentos gordurosos, frituras ou industrializados, isso pode na realidade 'pesar' sua mente, assim como seu corpo. Além disso, se você está ganhando peso devido ao estresse alimentar, isso pode fazer com que você se sinta ainda pior.

24. Diminua o consumo de álcool. Algumas pessoas pensam que o álcool é a solução para todos os problemas de ansiedade. Pode ser uma solução temporária, mas, a longo prazo, está piorando essa ansiedade. O álcool pode desencadear ataques de pânico e aumentar a ansiedade. É como se fosse um Band-Aid sobre uma ferida aberta.

Capítulo 3: Cuide-se

Quando você está se sentindo ansioso, estressado e sobrecarregado, você deve tirar um tempo para se revigorar e/ou se cuidar. Não precisa ser algo exorbitante; Pode ser algo simples e econômico. O que quer que seja que escolher, faça isso por si mesmo e permita-se relaxar.

25. **Tome um banho quente.** Certifique-se de reservar um tempo emque sabe que não será interrompido. Desligue o telefone e coloque uma música relaxante ou ambiente. Use espumaou óleos de banhode aromaterapia para ajudar no relaxamento. A água quente vai relaxar os músculos que estão tensos e possibilitará que você tenha umtempo tão necessário para si mesmo.

26. **Tire um dia de folga para fazer algo divertido.** Tudo bem se dar uma folga de vez em quando. Tire um dia e vá à praia ou saia para ver um filme. Faça algo divertido que você normalmente não faria em uma

terça-feira. Divertir-se pode quebrar sua semana monótona e tirar seu focodos sentimentos de ansiedade habituais.

27. Tire férias ou dê uma escapada no fim de semana. Planeje uma viagem com seu companheiro ou com um grupo de amigos. Quer sejam férias com tudo incluso para o México ou uma viagem para uma choupana oualojamento com café da manhão Maine, você merece um refúgio que lhe permitadistrair a mente das coisas que normalmente causam sua ansiedade. Além disso, o planejamento da viagem em si pode ser bom para você, pois você pode estar no controle. E também cria uma boa distração.

28. Vá dar um mergulho, fazer uma trilha ou uma longa caminhada na natureza. A natureza em si é muitotranquila e calma. Querforma melhor de clarear a mente do que passar o maior tempo que puderpróximo à natureza? A natação também é uma ótima maneira de aliviar o estresse e a ansiedade. Flutuar na água cria uma sensação de leveza, que é exatamente o que sua mente e seu corpo precisam.

29. **Faça uma aula de arte.** A arte é extremamente terapêutica e permite que você se expresse.

30. **Passe um tempo com pessoas que te fazem rir.** Já foi dito que nós somos a companhia que temos. Passar um tempo conversando com amigos e familiares que te fazem rir irá melhorar seu humor e logo você irá esquecer porque, a princípio, você estava ansioso.

31. **Reconecte-se com um velho amigo.** Especialmente se for um amigo com quem você costumava ter um bom relacionamento ou alguém com que você se sentia confortável. Além disso, concentrar sua energia em se reconectar com alguém é mais uma ótima distração de seus sentimentos de ansiedade.

32. **Faça palavras cruzadas.** Concentre-se em algo que faça você pensar produtivamente.

33. **Tire um cochilo.** Todo mundo gosta de tirar uma soneca. Na próxima vez em que você sentir que sua ansiedade está incontrolável, tente dormir um pouco. Às vezes, sua mente só precisa de uma pausa de todo o excesso de pensamento que você está criando.

34. **Abrace seu animalzinho de estimação.** Está comprovado que animais de estimação são terapêuticos. Eles sabem quando você está triste, ou doente, e estão dispostos a ficar ao seu lado para ajudá-lo a superar. Bichinhos de estimação podem reduzir a ansiedade, depressão e estresse, especialmente os cães. É por isso que levam cães aos hospitais, asilos e seções de cuidados paliativos. Eles são capazes de deixar os pacientes relaxados e melhorar seu humor.

35. Acenda velas de aromaterapia ou use óleos essenciais. O cheiro de hortelã, eucalipto, lavanda e outros óleos essenciais não só pode fazer com que você se sinta relaxado, mas também pode limpar sua mente de pensamentos indesejáveis.

36. Desfrute do silêncio. Às vezes, você só precisa desativar as notificações do telefone e e-mail e simplesmente não ter que responder nada durante um tempo. Permita-se tirar alguns minutos por dia para reorganizar e recarregar sua mente. Se o silêncio total não é o tipo de coisa que aprecia, coloque uma música calma para ajudá-lo a relaxar e a espairecer.

Capítulo 4: Use seus recursos

Um equívoco comum entre pessoas com ansiedade é que muitas vezes elaspensam que estão sozinhas nessa batalha. Você nunca deve achar que está sozinho quando enfrenta qualquer tipo de doença ou distúrbio. Na verdade, a sensação de estar sozinho pode piorar seus sintomas. Não tenha medo de usar seus recursos.

37. Peça conselhos aos outros. Às vezes, pode ser benéfico para você perguntar às pessoas próximas se elas acham que você está sendo irracional. Peça-lhes sua opinião sincera, não apenas uma tranquilização. Descreva seu medo ou a situação por inteiro e diga-lhes exatamente por que você está se sentindo ansioso. Elasserão capazes de lhe dar uma resposta clara se souberemde todos os "fatos".

38. Estabeleça uma estrutura de apoio e utilize-a. Seja sua melhor amiga, sua irmã ou seucolega de trabalho favorito, encontre pessoas que estarão ao seu lado quando passar por uma crise que não conseguir suportar sozinho. Não fique doente por causa de algo que o destrói. Unir-se a alguém para ajudar a encontrar uma solução para o seu problema o ajudará a resolvê-lo mais rapidamente, e a reduzir as chances de um ataque de pânico.

39. **Peça a um amigo para compartilhar uma experiência pessoal na qual tenha se sentido nervoso ou ansioso.** Saber que você não é o único que se preocupa com coisas com as quais não há necessidade pode lhe trazer conforto. Pergunte a um amigo próximo ou a um colega de trabalho se eles se identificam com o modo como você está se sentindo e também os pergunte como conseguiram lidar ou superar isso.

40. **Considere ir a um médico para descartar uma causa médica para sua ansiedade.** Embora a medicação não seja necessariamente a solução para eliminar

sua ansiedade, você deveria marcar uma consulta com o médico da família para se certificar de que algo mais sério não está fazendo com que você se sinta dessa forma.

41. Encontre um grupo local deapoio. Se sua ansiedade não vem de situações sociais, pode ser útil para você encontrar um grupo local de apoio apessoas com ansiedade que faça reuniões em que todos discutem o que os faz se sentirem tão ansiosos e o que estão fazendo para tentar melhorar. Ter o apoio de outras pessoas que passam pelos mesmos problemas enfrentados diariamente por você pode ajudá-lo muito. Você vai perceber que não é o único que está enfrentando a luta de viver com ansiedade.

42. Converse com um terapeuta. Não vá a um conselheiro que vai apenaste receitar medicação. Converse com alguém que realmente ouça o que você tem a dizer e seja capaz de oferecer conselhos lúcidos.

Capítulo 5: Exercício, Yoga, e Meditação

A atividade física é uma ótima maneira de se libertardo estresse e da ansiedade. Não apenas se exercitando, mas também em atividades mais espirituais. Você não precisa se matar na academia, porque o fato de simplesmente estar ativo de alguma forma te ajudará a aliviar o estresse e a ansiedade.

43.**Faça uma caminhada ou corra.** Quando você está se sentindo ansioso, e acha que precisa de uma pausa, saiapara correrou faça uma boa caminhada. Isso ajuda a esvaziar sua mente e a reduzir sua ansiedade.

44.**Faça academia.** O exercício reduz os hormônios do estresse, o que definitivamente pode aliviar sua ansiedade. Pesquisas mostram que aqueles que se exercitam regularmente não apenas vivem uma vida mais saudável, mas também são capazes de manter uma vida relativamente livre de ansiedade.

45. **Faça yoga.** Você provavelmente já sabe que praticaryoga pode ajudá-lo a relaxar sua mente e corpo, mas você sabia que o yoga é um dos melhores remédios holísticos para a ansiedade? Uma das razões pelas quais é uma prática tão útil, é porque o mantém centrado no momento presente. Muito da ansiedade vem do fato de temer ou antecipar o que acontecerá no futuro. Participe de uma aula em um estúdio de yoga local ou, se você não se sentir confortável assim, tente fazer em casa. Há uma imensidão de DVDs, vídeos no YouTube e outros recursos por aí que o guiarão. Mesmo se você acha que yoga não é para você, ficaria surpreso com o quanto é relaxante e acalma.

46. **Medite.** A meditação existe há séculos. Pode ajudar a reduzir imensamente a ansiedade. Um dos sintomas e causas da ansiedade é o fato de que nossas mentes estão constantemente aceleradas com

ideias, preocupações e medo. Meditar permite que você esvazie sua mente e se concentre em sua respiração. Permite que você permaneça centrado e com os pés no chão, especialmente quando sente que está à beira de umataque de ansiedade ou de pânico.

47. Repita Assertivas. Uma vez que a baixa autoestima é uma causa comum da ansiedade, repetir assertivas para si mesmo ajuda, para lembrá-lo de que você pode e é capaz de fazer e mudar o que deseja a seu respeito. Você pode criar suas próprias assertivas ou pegar as de outra pessoa. Faça o que faz você se sentir melhor. Tire um tempo todos os dias para dizê-las a si mesmo. Se achar que não é necessário, repita-as quando estiver nervoso ou ansioso. É quase como dar a si mesmo uma injeção de ânimo. Aqui estão alguns exemplos de assertivas que você pode usar:

☐ "Eu mudo meus pensamentos; Eu mudo meu mundo."

☐ "Minhas maldições podem ser e se tornarão bênçãos."

☐ "Somos o que pensamos. Tudo o que somos surge com nossos pensamentos. Com nossos pensamentos, fazemos o nosso mundo."- Buda

☐ "E agora, farei o que for melhor para mim." - John Green

☐ "Isto também vai passar."

☐ "Faça o que puder, com o que tiver, onde estiver." -Theodore Roosevelt

48. **Organize e Limpe.** Ter uma casa, um carro ou uma mesa desordenada e bagunçada pode não apenas estressá-lo, mas também dificulta para encontraras coisas quando você precisar delas (como chaves, telefone, etc.). Escolha uma gaveta ou prateleira em sua casa para organizar um dia. Isso fará com que não seja tão difícil quanto tentar organizar todo o espaço de uma só vez.

49. **Jogue as coisas fora.** Pessoas que sofrem de ansiedade também tendem a

serem acumuladoras compulsivas. Isso acontece porque elas têm medo de jogar fora qualquer coisa, porque temem que vão precisar delas no futuro. Jogue fora algo de um cômodo por dia, mesmo que seja lixo ou um item pequeno. Isso irá ajudá-lo a esvaziar sua casa e mente de coisas desnecessárias que você está guardando.

50.**Faça uma limpeza.** Quando você está se sentindo ansioso, colocar sua energia em algo produtivo, como fazer uma limpeza, ajuda. Um quarto limpo e organizado irá ajudá-lo a dormir melhor à noite, o que acabará por reduzir a sua ansiedade. Uma casa limpa lhe trará uma mente limpa.

Conclusão

Obrigada novamente por baixar este livro!

Espero que tenha sido possível ajudá-lo a reduzir seus sentimentos de estresse, ansiedade, nervosismo e pânico.

O próximo passo é testar as abordagens práticas listadas neste livro e encontrar as que funcionam melhor para você.

www.ingramcontent.com/pod-product-compliance
Lightning Source LLC
Chambersburg PA
CBHW071910070526
44583CB00016B/1932